Hallo! Ich bin Anoki.
Für jede Seite, die du fertig hast,
malst du eine Feder aus.

2 3

4 5

6 7

8 9 10 11 12

13 14 15 16 17 18

19 20 21 22 23 24 25

26/27 28/29 30 31 32 33

34 35 36 37 38 39 40/41

42 43 44 45 46 47

48/49 50/51 52/53 54/55

▶ Welches Wort ist richtig? Kreuze an.

☒ Teddybär
☐ Teddybar

☐ Kliederschrank
☐ Kleiderschrank

☐ Kirchturm
☐ Krichturm

☐ Wellensittich
☐ Wellensitticih

☐ Krokodil
☐ Korkodil

☐ Leuchttrum
☐ Leuchtturm

☐ Marienkäfer
☐ Mareinkäfer

☐ Schmetterling
☐ Schmetteiling

☐ Schildkrüte
☐ Schildkröte

☐ Schneemonn
☐ Schneemann

☐ Löweznahn
☐ Löwenzahn

☐ Streichholz
☐ Striechholz

▶ Welches Wort ist richtig? Kreuze an.

- [ ] Taschenlampe
- [ ] Tacshenlampe
- [ ] Taschenlapme

- [ ] Sternshnuppe
- [ ] Sternschnuppe
- [ ] Strenschnuppe

- [ ] Sandbueg
- [ ] Sanbdurg
- [ ] Sandburg

- [ ] Gänseblümchen
- [ ] Gänselbümchen
- [ ] Gänseblünchen

- [ ] Gebrutstagskerze
- [ ] Geburtstagskerze
- [ ] Geburtstagskeze

- [ ] Zauberstab
- [ ] Zauderstab
- [ ] Zaubersatb

- [ ] Feldermaus
- [ ] Fledermaus
- [ ] Fledremaus

- [ ] Gummibärchn
- [ ] Gummibrächen
- [ ] Gummibärchen

- [ ] Klingelkonpf
- [ ] Klingelknopf
- [ ] Klingalknopf

▶ Welches Wort gibt es nicht? Streiche es durch.

Autoreifen	Armreifen	~~Schuhreifen~~	Fahrradreifen
Haustür	Grastür	Küchentür	Autotür
Briefkasten	Briefträger	Briefmarke	Briefsuppe
Bettkasten	Bettwäsche	Bettkatze	Bettzeug
Fußball	Kamelball	Basketball	Tennisball
Bratapfel	Brathering	Bratpfanne	Bratgurke
Tanzwasser	Badewasser	Trinkwasser	Regenwasser
Lampenschirm	Lampenfieber	Leselampe	Tomatenlampe
Schifffahrt	Schiffbär	Raumschiff	Schiffbruch

▶ Welches Wort gibt es nicht? Streiche es durch.

Ringfinger	Ehering	Kaktusring	Schlüsselring
Bahnhof	U-Bahn	Bahngleis	Bananenbahn
Geistersuppe	Geisterstunde	Geisterbahn	Geisterfahrer
Brotmesser	Schwarzbrot	Brotkorb	Blaubrot
Blindenhund	Gewitterhund	Hundefutter	Hundeleine
Kochtopf	Topflappen	Eintopf	Viertopf
Tierheim	Tierfutter	Tierboot	Tierarzt
Märchenfigur	Märchenbuch	Märchenwüste	Märchenfilm
Kartoffelprinz	Kartoffelbrei	Kartoffelsuppe	Kartoffelsalat

▶ Welcher Satz stimmt? Markiere.

Eine Frau schiebt einen Kinderwagen am Seeufer entlang.	K
Eine Frau fliegt in einem Rinderwagen am Kleeufer entlang.	G
Eine Frau schießt einen Kleiderwagen am Teeufer entlang.	R
Am Abend schreit Eva das Land an und niest.	E
Am Abend schließt Eva das Lied an und niest.	U
Am Abend schaltet Eva das Licht an und liest.	A
Mittags um zwölf lacht Mutter eine Puppe mit Zöpfchen.	L
Mittags um zwölf macht Mutter eine Mappe mit Köpfchen.	S
Mittags um zwölf kocht Mutter eine Suppe mit Würstchen.	N
Onkel Karl singt ein schönes Buch über die alten Zettel.	S
Onkel Karl hängt ein schönes Bild über den alten Sessel.	U
Onkel Karl fängt ein schönes Brot über dem alten Kessel.	T

Lösungswort: ___ ___ ___ ___

▶ Welcher Satz stimmt? Markiere.

Lotta leert mit Oma ein Brot über den Fuß.	J
Lotta kehrt mit Oma einen Brief über den Flur.	T
Lotta fährt mit Oma in einem Boot über den Fluss.	H
Die Sonne scheint und wir essen ein Eis.	O
Die Sonne weint und wir messen einen Kreis.	U
Die Sonne reimt und wir vergessen ein Gleis.	E
Mein blauer Mund schreit mit seinem Hasen an der Lampe.	F
Mein brauner Hund schnüffelt mit seiner Nase an der Ampel.	L
Mein Schlüsselbund spielt mit einer Vase an der Rampe.	N
Das blutige Gewitter befreit den einsamen Wachmann.	E
Der mutige Ritter besiegt den grausamen Drachen.	Z
Die giftige Natter bekämpft den langsamen Dachdecker.	B

Lösungswort: ___ ___ ___ ___

▶ Stimmt das? Kreuze an.

		ja	nein
Zu Gewitter gehören Blitz und Donner.	S	☐	☐
Ein Würfel ist so rund wie eine Kugel.	H	☐	☐
Eine Seifenblase ist leichter als eine Banane.	A	☐	☐
Mit einer Brille kann man besser riechen.	K	☐	☐
Ein vierblättriges Kleeblatt hat drei Blätter.	R	☐	☐
Moderne Pinguine können fliegen.	E	☐	☐
Eine Tür kann man nicht öffnen.	I	☐	☐
Am Morgen geht die Sonne unter.	N	☐	☐
Ein Stein ist nicht durchsichtig.	N	☐	☐
Ein Schneemann schmilzt, wenn es warm wird.	D	☐	☐

Die Buchstaben der richtigen Sätze ergeben ein **Lösungswort:** ___ ___ ___ ___

▶ Stimmt das? Kreuze an.

		ja	**nein**
Vögel rennen schneller als Elefanten.	F	☐	☐
Im Wald leben viele Tiere.	T	☐	☐
Ameisen spielen gerne Karten.	U	☐	☐
Frösche springen höher als Käfer.	O	☐	☐
Spannende Bücher sind immer langweilig.	R	☐	☐
In einen Obstsalat gehören Gurken und Tomaten.	M	☐	☐
Waschmaschinen sind zum Waschen da.	R	☐	☐
In jedem Apfel ist ein Wurm.	I	☐	☐
Bäume haben keine Stacheln wie Igel.	T	☐	☐
Warme Speisen können kalt werden.	E	☐	☐

Die Buchstaben der richtigen Sätze ergeben ein **Lösungswort:** ___ ___ ___ ___ ___

▶ Wer bin ich? Kreuze an.

Ich darf ganz viel reisen, von einem Ort zum anderen
und wieder zurück. Dabei bin ich immer in der Luft.
Ich kümmere mich darum, dass es den Passagieren im Flugzeug
gut geht und bringe ihnen Getränke und Essen.
Ich bin eine ...

☐ Lokführerin. ☐ Matrosin. ☒ Flugbegleiterin.

Ich bin oft weiß gekleidet. Den ganzen Tag beobachte ich die Leute,
um im Notfall eingreifen zu können.
Manchmal muss ich Leben retten.
Ich kann sehr gut schwimmen und stehe am Beckenrand.
Ich bin ein ...

☐ Profischwimmer. ☐ Bademeister. ☐ Arzt.

▶ Wer bin ich? Kreuze an.

Ich bin den ganzen Tag draußen. Dabei fahre ich mit meinem Fahrrad oder Auto von einem Haus zum anderen.
Ich kenne jedes Haus und weiß, wer wo wohnt.
Ich bringe den Menschen Nachrichten.
Ich bin eine ...

☐ Hausmeisterin. ☐ Pizzabotin. ☐ Briefträgerin.

Meine Arbeitszeit beginnt mitten in der Nacht.
Dann bereite ich viele verschiedene Teige zu.
Aus ihnen mache ich Brötchen und Brote. Um 6 Uhr öffne ich meinen Laden, denn dann haben viele Menschen Hunger.
Ich bin ein ...

☐ Koch. ☐ Bäcker. ☐ Verkäufer.

▶ Hier sind zwei Texte durcheinandergeraten.
Unterstreiche mit zwei verschiedenen Farben.

Mein Bruder und ich machen einen Wettlauf.

Sina möchte an einem Malwettbewerb in ihrer Schule teilnehmen.

Wer zuerst an der großen Eiche ist, hat gewonnen.

Dazu muss sie ein Bild von ihrem Lieblingstier malen.

Sie malt ihr Pferd Flocki vor einer alten Eiche.

Vater gibt den Startschuss und wir laufen los.

Das ist schwer, aber Sina kann gut malen.

Mein Bruder ist schnell und geht in Führung.

Jetzt muss ich mich wirklich anstrengen!

Das fertige Bild gibt sie ihrer Klassenlehrerin.

Am Ende bin ich schneller und gewinne. Juhu!

Sina ist gespannt. Ob sie gewinnen wird?

▶ Hier sind zwei Texte durcheinandergeraten.
Unterstreiche mit zwei verschiedenen Farben.

Leos Lieblingstiere sind Schnecken.

Er mag alle Schnecken, egal ob Nacktschnecken oder welche mit Haus.

Eichhörnchen gehören zu den Nagetieren.

Eichhörnchen ernähren sich von Blüten, Knospen und Samen.

Aber auch Insekten, Schnecken oder Vogeleier stehen auf ihrem Speiseplan.

Im Sommer sammelt Leo immer ganz viele und baut ihnen ein Gehege.

Stundenlang kann er dann davor sitzen und den langsamen Tieren zusehen.

Eichhörnchen leben in Wäldern und Parkanlagen.

Dort turnen sie hoch oben in den Bäumen blitzschnell über die Äste.

Leos Freundin Klara findet Schnecken eklig, aber das ist Leo egal.

▶ Hier sind zwei Texte durcheinandergeraten.
Unterstreiche mit zwei verschiedenen Farben.

Manchmal liege ich im Gras und schaue in den Himmel.

Es war einmal eine wunderschöne Prinzessin.

Sie lebte auf einem riesigen Schloss und hatte die schönsten Kleider an.

Am meisten Spaß macht es, wenn Wolken am Himmel sind.

Wolken können nämlich ganz viele Formen annehmen.

Aber die Prinzessin war unglücklich, denn sie hatte keine Freunde.

Manchmal sind sie Monster, manchmal Tiere und manchmal Gesichter.

Da gab sie ein großes Fest und lud alle Dorfbewohner auf ihr Schloss ein.

Sie spielten viele Spiele und feierten ausgiebig. Die Prinzessin war glücklich.

Ich denke mir dann immer Geschichten mit den Wolkenfiguren aus.

Hast du auch schon einmal im Gras gelegen und Wolken beobachtet?

Als die Feier zu Ende war, hatte sie viele neue Freunde.

Anoki und Muna haben eine Flaschenpost gefunden.
Aber irgendetwas stimmt nicht.
Die Buchstaben der Wörter sind
durcheinandergeraten.

▶ Schreibe die Nachricht richtig auf.

Hlfie! Ich bin auf eneir
enmsaien lesnl gfeaegnn.
Rtteet mcih!

Hilfe! Ich bin auf einer einsamen Insel gefangen. Rettet mich!

▶ Welches Wort passt nicht? Streiche es durch.

gelb
krumm
~~lustig~~
lecker

fest
rund
bunt
kuschelig

hell
dick
warm
heiß

süß
jung
gefährlich
weich

nass
verrückt
weiß
kalt

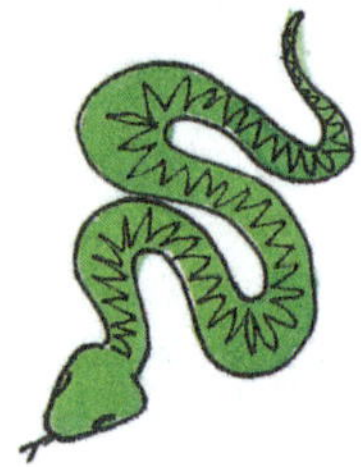

sauer
grün
schuppig
lang

alt
kaputt
gebraucht
kalt

dick
groß
sauer
grau

rostig
salzig
spitz
leicht

▶ Welches Wort passt nicht? Streiche es durch.

lecker
blond
traurig
jung

durchsichtig
glatt
fröhlich
zerbrechlich

klein
hell
glitschig
langsam

laut
süß
schwer
nützlich

ängstlich
sahnig
lecker
süß

warm
kariert
spitz
weich

spannend
dick
klug
schwer

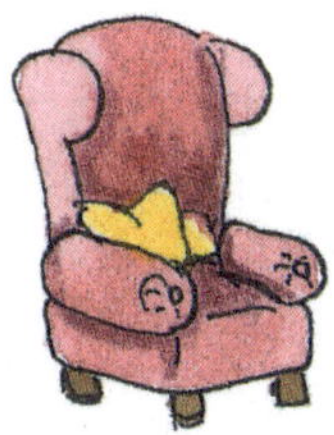

bequem
groß
gemütlich
böse

dampfend
stachelig
flüssig
heiß

▶ Streiche das falsche Wort durch.

Lara und Isabelle wollen ~~wählen~~ Piratinnen werden.

Das Bett eignet sich besonders gelb gut als Piratenschiff.

Mit Dackeln Decken und Kissen bauen sie ein großes Schiff.

Aus einem alten Stück Stein Stoff schneiden sie ein Segel zu.

Darauf mauern malen sie mit Farben einen riesigen Totenkopf.

Das Segel befestigen sie an auf einem Holzstab und klemmen ihn ans Bett.

Nun ist das Piratenschiff faul fertig.

Mit einem Fernglas sitzen sie aber an Deck.

Da sehen sie ein Schiff und stolpern steuern schnell darauf zu.

Der Kampf mit den anderen Piraten ist hungrig hart, aber sie gewinnen.

Nun gehört der Goldfisch Goldschatz ihnen.

▶ Welcher Satz stimmt? Markiere.

Das Moor ist rissig, hat grünes Fell und rote Augen.	S
Das Monster ist riesig, hat grüne Felder und rote Autos.	W
Das Monster ist riesig, hat grünes Fell und rote Augen.	G
Der Vogel sitzt auf dem Baum vorm Haus und singt.	L
Der Vogel sitzt auf dem Boot vorm Haus und sinkt.	A
Der Vogel sitzt auf dem Bär vorm Haus und stinkt.	E
In der Schale schreiben wir heute eine leere Mathearbeit.	T
In der Schule schreiben wir heute eine schwere Mathearbeit.	A
In der Schwalbe schreiben wir heute eine faire Mathearbeit.	N
Tante Sarah hat schwarze Flocken und trägt eine blaue Bremse.	D
Tante Sarah hat schwarze Socken und schlägt eine blaue Brille.	G
Tante Sarah hat schwarze Locken und trägt eine blaue Brille.	S

Lösungswort: ___ ___ ___ ___

▶ Stimmt das? Kreuze an.

		ja	nein
Aus dem Wasserhahn kommt warme Milch.	G	☐	☐
Katzen haben vier Beine.	H	☐	☐
Kartoffeln wachsen an Apfelbäumen.	A	☐	☐
In einem Spiegel kannst du dich selbst sehen.	E	☐	☐
Nachts leuchten die Sterne und die Sonne scheint.	S	☐	☐
Beim Frisör kann man Schuhe kaufen.	T	☐	☐
Im Winter wärmt dich eine Badehose.	O	☐	☐
Ein Elefant ist schwerer als eine Maus.	F	☐	☐
Ein Auto hat sieben Räder und acht Fenster.	T	☐	☐
Wasser gefriert im Winter zu Eis.	T	☐	☐

Die Buchstaben der richtigen Sätze ergeben ein **Lösungswort:** ___ ___ ___ ___

▶ Stimmt das? Kreuze an.

		ja	nein
Der Igel hält Winterschlaf.	B	☐	☐
Der Bäcker schneidet dir die Haare.	E	☐	☐
Ein Kühlschrank hält Getränke warm.	M	☐	☐
Ein Dreieck hat drei Ecken.	R	☐	☐
Der Mond nimmt abwechselnd zu und ab.	O	☐	☐
Elefanten sind groß, dick und rosa.	N	☐	☐
Im Zoo hängen Bilder berühmter Maler.	S	☐	☐
Schokolade wird aus Zwiebeln gemacht.	M	☐	☐
Ein Fahrrad ist schneller als ein Auto.	E	☐	☐
Meerwasser ist meistens salzig.	T	☐	☐

Die Buchstaben der richtigen Sätze ergeben ein **Lösungswort:** ___ ___ ___ ___

▶ Wo bin ich? Kreuze an.

Um mich herum ist es ziemlich laut.
Es gibt ganz viele Kinder und Eltern.
Die Kinder schaukeln, wippen oder spielen im Sandkasten.
Manche sind auch auf dem Karussell.
Ich bin …

☐ im Zirkus. ☐ auf dem Spielplatz. ☐ im Schwimmbad.

Hier gibt es viele große leere Räume. Nur Bänke stehen in der Mitte.
An den Wänden hängen Bilder. Die darf man aber nicht anfassen,
nur anschauen.
Die Leute laufen von Bild zu Bild und schauen.
Ich bin …

☐ im Park. ☐ im Zoo. ☐ im Museum.

▶ Wo bin ich? Kreuze an.

Ich bin ganz weit oben. Dabei reise ich von einem Ort zu einem anderen.
Ich sitze in einem Sessel.
Neben mir ist ein Fenster.
Wenn ich rausgucke, kann ich die Wolken von oben sehen.
Ich bin …

☐ auf dem Klettergerüst. ☐ im Flugzeug. ☐ auf einem Aussichtsturm.

Ich stehe hier schon längere Zeit, aber es geht nicht voran.
Neben mir stehen noch weitere Menschen.
Vor uns rauschen ganz viele Autos vorbei.
Wir aber müssen warten, bis es grün ist.
Ich bin …

☐ an einer Ampel. ☐ an der Kasse im Supermarkt. ☐ an der Bushaltestelle.

▶ Welchem Zauberer gehört welcher Zaubermantel?
Male und verbinde.

Die drei Zauberer heißen Alano, Merlu und Fidelio.

Merlu ist der größte Zauberer. Ihm gehört der größte Mantel.

Der größte Mantel ist schwarz mit orangen Monden.

Der Mantel in der Mitte ist lila und hat gelbe Sterne.

Der Mantel ganz rechts gehört Alano.

Alano steht in der Mitte.

Ein Mantel ist dunkelblau mit gelben Sonnen.

Fidelio ist der dickste Zauberer.

Name: ______________

Name: ______________

Name: ______________

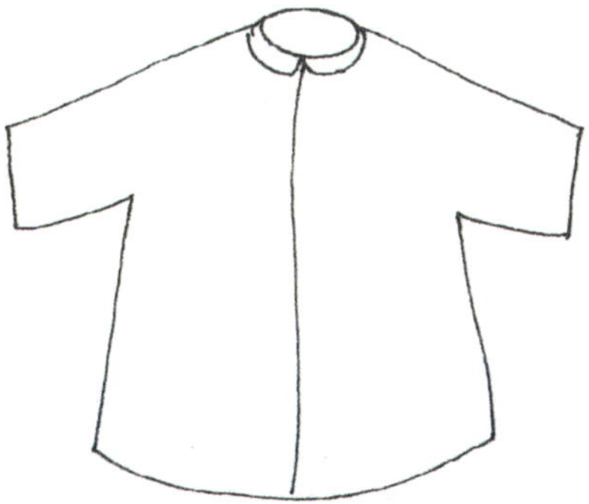

▶ Lies den Text und kreuze an.

Warum brennen Brennnesseln?

Sicher hast du beim Waldspaziergang schon einmal eine Brennnessel berührt. Das brennt sehr. Aber warum?

Brennnesseln haben an der Unterseite ihrer Blätter kleine Härchen.
Oben an den Härchen befindet sich eine kleine Kugel.
Die ist mit einer Flüssigkeit gefüllt.
Wenn du mit einem Arm oder einem Bein gegen die Pflanze kommst, reißen die Härchen ab.
Die Härchen sind sehr rauh und zerkratzen deine Haut.
Dabei zerplatzt die Kugel mit der Flüssigkeit.
Sie fließt nun direkt in deine verletzte Haut und das brennt.
Die Brennessel schützt sich so vor Tieren, die sie fressen wollen.

☐ 28

		ja	nein
Brennnesseln haben an der Blattoberseite kleine Borsten.	V	☐	☐
An den Härchen befindet sich eine kleine Kugel.	W	☐	☐
Die Kugel enthält ein brennendes Pulver.	I	☐	☐
Kommt man gegen die Brennnessel, reißen die Härchen ab.	A	☐	☐
Die Härchen sind weich.	E	☐	☐
Die Kugeln zerkratzen die Haut.	D	☐	☐
Die Flüssigkeit fließt in die zerkratzte Haut und das tut weh.	L	☐	☐
Die Härchen brennen.	N	☐	☐
Die Brennnessel schützt sich vor gefräßigen Tieren.	D	☐	☐

Die Buchstaben der richtigen Sätze ergeben ein **Lösungswort:** ___ ___ ___ ___

▶ Hier sind zwei Texte durcheinandergeraten.
Unterstreiche mit zwei verschiedenen Farben.

Am alten Apfelbaum im Garten hängen im Herbst ganz viele Äpfel.

Es war einmal eine kleine Kastanie.

Die hing am Kastanienbaum und wollte nicht herunterfallen.

Anna steht unter dem Apfelbaum und guckt nach oben.

Da kam ein heftiger Windstoß und wehte die Kastanie vom Baum.

Traurig blieb sie den ganzen Winter am Boden liegen.

Wie gerne hätte sie einen dieser leckeren Äpfel.

Da raschelt es im Baum und ein Apfel fällt genau vor Annas Füße.

Doch im Frühjahr erwacht sie fröhlich und entwickelt Wurzeln und Triebe.

Aus der kleinen Kastanie entsteht nun ein neuer Kastanienbaum.

Er ist rot und lecker. Anna freut sich.

▶ Male die Felder passend an:

Menschen: blau Tiere: grün Pflanzen: braun Dinge: gelb

▶ Streiche das falsche Wort durch.

Ben und sieben sein Bruder Leo haben Ferien.

Heute speisen spielen sie Fußball mit Max, Murat und Lara.

Ben rennt hinter dem Ball Baum auf das Tor zu.

Murat versucht, ihn aufzuhalten und ihm den Bär Ball abzunehmen.

Ben schaukelt schaut sich um.

In einem tiefen hohen Bogen schießt er den Ball zu Leo.

Doch der Ball kommt an bei Leo nicht an.

Er fliegt über den Zahn Zaun zu Nachbar Kral.

Herr Kral ist ein mürrischer Mann Stirn.

Zitternd schleichen Ben und Leo zum Eintritt Eingang des Nebenhauses.

Ein lachender Junge steht mit ihrem Ball über in der Hand davor.

„Ich baue bin Tom. Herr Kral ist mein Opa. Darf ich mitspielen?“, fragt er.

▶ Streiche das falsche Wort durch.

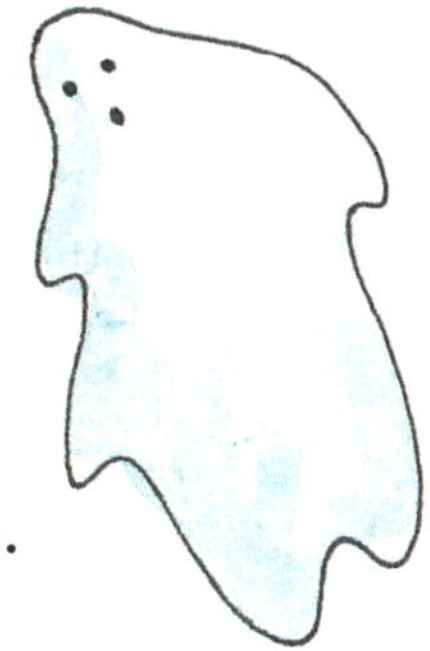

Immer um Mitternacht soll es im alten Schloss sparen spuken.

Meine Schwester Pia und ich wollen herausfinden, ob das stinkt stimmt.

Pünktlich um halb 12 klettern wir auf aus dem Fenster unseres Zimmers.

Mit Taschenlampen bewaffnet machen wir uns auf den Wecker Weg.

Alles sieht bei Dunkelheit ganz schön grün gruselig aus.

War da nicht neun ein Geräusch?

Es klebt klingt wie ein schreckliches Heulen.

Zwei weiße Gedichte Gestalten kommen auf uns zu.

Ängstlich klagen klammern wir uns aneinander fest.

Die Gestalten können kommen näher!

Da ertönt eine Strafe Stimme: „Na, ihr Ausreißer! Wo wollt ihr denn hin?“

Zum Glück Glas sind es Mama und Papa.

▶ Setze Trennstriche und kreuze den sinnvollen Satz an.

NOAH|SIEHT|EINE|SPUR|IM|SCHNEE.	A	☒
NOAH|SIEBT|EINE|SPUR|IM|TEE.	E	☐
IMZOOSEHENWIRWILDELÖWENUNDBÄREN.	P	☐
IMZOOSTEHLENWIRWILDEMÖWENUNDBESEN.	M	☐
AUFDEMKIRCHTURMSPITZTMEINETANTE.	E	☐
AUFDEMKIRCHTURMSITZTEINETAUBE.	F	☐
TOMISTKRANKUNDLIEGTMÜDEIMBETT.	E	☐
TOMISTGRAUUNDLIESTMÜDEIMBAUM.	R	☐
ONKELMAXPFLANZTMITTANTEANNAEINEFABRIK.	G	☐
ONKELMAXTANZTMITTANTEANNAZURMUSIK.	L	☐

Lösungswort: ___ ___ ___ ___ ___

▶ Setze Trennstriche und kreuze den sinnvollen Satz an.

KATEROSKARSPRINGTFRECHAUFDENTISCH.	W	☐
KATEROSKARSINGTFRECHMITDEMFISCH.	K	☐
DERPOLIZISTSCHWIMMTMITDEMVERBRECHERFORT.	A	☐
DERPOLIZISTNIMMTDENVERBRECHERFEST.	O	☐
DERBAUERFÄHRTMITDEMTRAKTORÜBERDIEFELDER.	L	☐
DERBAUERFÄHRTMITDEMTAXIÜBERDIEFEDER.	T	☐
UMMITTERNACHTSTINKTDASGESPENST.	M	☐
UMMITTERNACHTSPUKTDASGESPENST.	L	☐
DIENIXEKLAUTEINENKLEIDERSCHRANK.	S	☐
DIEHEXEBRAUTEINENZAUBERTRANK.	E	☐

Lösungswort: ___ ___ ___ ___ ___

▶ Welcher Satz stimmt? Markiere.

Wenn es draußen alt ist, mache ich die Heizung an.	S
Wenn es draußen kalt ist, mache ich die Heizung an.	L
Wenn es draußen knallt, mache ich die Heizung an	P

Papa schreibt seit Stunden an seinem Auto herum.	F
Papa schraubt seit Stufen an seinem Auto herum.	T
Papa schraubt seit Stunden an seinem Auto herum.	U

Mein Bruder und ich erzählen uns oft Gruselgeschichten.	P
Mein Bruder und ich erzählen uns oft Gruselgeburtstage.	F
Mein Bruder und ich erobern uns oft Gruselgeschichten.	E

Es regnet und Ben knüpft mit Gummistiefeln durch die Pfützen.	T
Es regnet und Ben hinkt mit Gummistiefeln durch die Mützen.	N
Es regnet und Ben hüpft mit Gummistiefeln durch die Pfützen.	E

Lösungswort: ___ ___ ___ ___

▶ Welcher Satz stimmt? Markiere.

Lotta häkelt zu Hause und verpasst den Fuß zur Schule.	L
Lotta bügelt zur Pause und verpasst den Bus zur Schule.	M
Lotta trödelt zu Hause und verpasst den Bus zur Schule.	K
Ein Maulwurf hat schwarzes, dichtes Fell und ist blau.	E
Ein Maulwurf hat schwarzes, dichtes Fell und ist blind.	O
Ein Maulkorb hat schwarzes, dichtes Fell und ist blind.	A
Leo möchte Erfinder werden und verschenkt jeden Tag neue Socken.	H
Leo möchte Erfinder werden und lenkt jeden Tag neue Sachen.	M
Leo möchte Erfinder werden und denkt sich jeden Tag neue Sachen aus.	C
Karla hat Geburtstag und lädt alle ihre Freunde zu einem Test ein.	K
Karla hat Geburtstag und lädt alle ihre Freunde zu einem Fest ein.	H
Karla hat Geburtstag und lädt alle ihre Freude zu einem Fest ein.	E

Lösungswort: ___ ___ ___ ___

▶ Welches Wort passt zu der Situation? Kreuze an.

Mareike hat sich mit ihrer Freundin Yuna gestritten.
Sie haben lange und heftig gestritten.
Jetzt ist Mareike ganz allein und vermisst Yuna.
Sie ist ...

☐ froh. ☐ eifersüchtig. ☐ lustig. ☐ einsam.

Es ist sechs Uhr morgens. Faruks Wecker klingelt.
Faruk will ihn nicht hören.
Er will weiterschlafen. Doch der Wecker klingelt und klingelt.
Faruk nimmt ihn und wirft ihn in die Ecke seines Zimmers.
Er ist ...

☐ ängstlich. ☐ fröhlich. ☐ einsam. ☐ wütend.

▶ Welches Wort passt zu der Situation? Kreuze an.

Morgen fährt Hannah mit ihren Eltern und ihrer Schwester in den Urlaub ans Meer.
Sie freut sich schon. Das ganze Jahr hat sie darauf gewartet.
Sie ist ...

☐ durstig. ☐ aufgeregt. ☐ traurig. ☐ müde.

Tom fallen fast die Augen zu.
Den ganzen Tag war er auf dem Sportplatz.
Jetzt möchte er nur noch in sein Bett und schlafen.
Er ist ...

☐ müde. ☐ hungrig. ☐ lustig. ☐ eilig.

▶ Lies genau und male.

- Der Junge hat eine blaue Hose an.
- Seine Jacke ist grün.
- Er trägt weiße Turnschuhe.
- Auf dem Kopf trägt er einen roten Helm.
- Neben dem Jungen steht ein gelbes Jungenfahrrad mit Rennlenker.
- Der Sattel des Fahrrades ist schwarz.
- Auf dem Gepäckträger befindet sich ein gelb-grüner Fußball.
- Neben dem Rad sitzt sein kleiner brauner Hund.
- Der Hund hat ein rotes Halsband.

▶ Hier sind zwei Texte durcheinandergeraten.
Unterstreiche mit zwei verschiedenen Farben.

Neben unserem Haus wird seit gestern ein neues Haus gebaut.

Mein Bruder und ich stehen gerne am Rand der Baustelle und gucken zu.

Gestern hat Lotte bei Oma und Opa übernachtet.

Näher an die Baustelle dürfen wir nicht. Das ist zu gefährlich.

Abends sind Oma und Lotte noch auf den Dachboden gegangen.

Wir sehen ganz viele Bauarbeiter.

Der Bagger hat schon eine tiefe Grube ausgehoben.

Oma wollte Wäsche aufhängen. Plötzlich raschelte es aus einer alten Truhe.

Oma und Lotte sind total erschrocken und wollten schon weglaufen.

Mein Bruder und ich sind gespannt, wie es weitergeht.

Da quietschte und raschelte es noch einmal aus der Truhe.

Sie schauten hinein. Eine kleine Maus saß ängstlich in der Ecke.

Anoki und Muna haben sich im Dschungel verlaufen. Überall sehen sie Augen. Sind sie etwa von wilden Tieren umzingelt?

► Schau genau hin und zähle.

___ Schlangen ___ Papageien ___ Spinnen ___ Tiger

Lösung: 5 Schlangen, 3 Papageien, 8 Spinnen, 1 Tiger

▶ Streiche das falsche Wort durch.

Ich bin ein wunderschöner getigerter Kater und erst ein Jahr neu alt.

Ich hole habe ein wunderbares Leben.

Dreimal täglich bekomme ich sein mein Fressen serviert.

Den halben Tag und die halbe Nacht schlage schlafe ich in meinem Körbchen.

Wenn ich wach bin, habe ich meistens nur Quatsch im Korb Kopf.

Mein Frauchen findet das nicht so treu toll.

Ich jage jeder zum Beispiel gerne Fliegen.

Dabei springe staune ich über Tische und Stühle.

Dabei geht guckt oft Geschirr kaputt.

Dann schreibt schimpft mein Frauchen immer.

Dabei baue bin ich doch so ein lieber Kater!

▶ Streiche das falsche Wort durch.

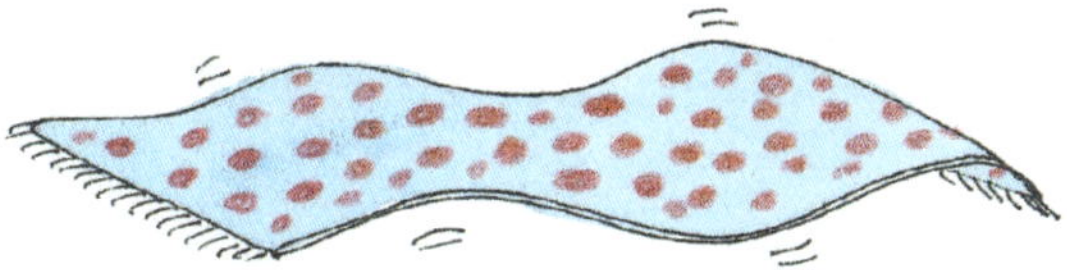

Bist du schon einmal über mit einem fliegenden Teppich geflogen?

Das muss macht richtig Spaß!

Mein Teppich ist blind blau und hat rote Punkte.

Jeden Mittwoch sind wir zum zusammen unterwegs.

Dann öffne ich das Fenster und mache es mir in auf dem Teppich gemütlich.

Der Teppich erhebt sich langweilig langsam und los geht die Reise.

Gemeinsam schweben wir zum Fernseher Fenster hinaus.

Wir fliegen fangen hoch über die Stadt hinweg.

Ich sehe die keinen kleinen Menschen und die Häuser von oben.

Wenn es dick dunkel wird, kehren wir zurück in mein Zimmer.

Dann habe ich mächtig Hunger, denn solche Reisen sind ärgerlich anstrengend.

▶ Welcher Satz stimmt? Markiere.

Viele Leute fliegen wie ein Brot über den See.	T
Viel Beute rudert in einem Boot über den Schnee.	M
Viele Leute rudern in einem Boot über den See.	W
Viele Kräuter liegen in einem Bett im Schnee.	N

Dufte Worte hängen tief am Himmel. Es rechnet bald.	A
Dunkle Wolken hängen tief am Himmel. Es regnet bald.	A
Dichte Wolle hängt tief am Himmel. Es regnet bald.	E
Dicke Wale hängen tief am Himmel. Es regnet kalt.	U

Ein schöner Enkel schweigt auf dem schmalen Wasser.	S
Eine schöne Ernte schwimmt auf dem schmutzigen Wasser.	T
Eine schöne Tante schwirrt durch das schmierige Wasser.	N
Eine schöne Ente schwimmt durch das schmutzige Wasser.	L

Lösungswort: ___ ___ ___

▶ Welcher Satz stimmt? Markiere.

Auf dem Wasser am Fluss fahren drei Radfahrer schnell.	K
Auf der Wiese am Fluss fragen drei Radfahrer Schnecken.	G
Auf der Wiege am Fluss frieren drei Radfahrer mit Fell.	Z
Auf dem Weg am Fluss fahren drei Radfahrer schnell.	H

Auf dem Dach schläft ein kleiner Vogel und singt ein Lied.	O
Auf dem Dachs sitzt ein kleiner Vogel und stinkt ein Lied.	E
Auf dem Dach sitzt ein kleiner Vogel und singt ein Lied.	U
Auf dem Drachen blitzt ein kleiner Vogel und hinkt ein Lied.	I

In der Mülltonne in der Decke liegt eine verwelkte Hose.	S
In der Mülltonne in der Ecke liegt eine verwelkte Rose.	T
In der Mülltonne in der Schnecke fliegt eine verdreckte Dose.	N
In der Mülltonne in der Hecke liegt eine verbeulte Aprikose.	G

Lösungswort: ___ ___ ___

▶ Lies genau und male.
Schreibe jeden Pferdenamen an die richtige Pferdebox.

- Ein Pferd heißt Kani.
- Das braune Pferd ganz rechts heißt Dagon.
- Fabina ist schwarz und steht am Rand.
- Der weiße Schimmel Ramiro steht links von Dagon.
- Im Stall stehen braune, weiße, schwarze und graue Pferde.
- Über den Boxen der mittleren Pferde hängt jeweils ein Hufeisen.
- An Fabinas Box hängt eine Schleife.
- Das rechte Pferd hat einen Siegerkranz um den Hals.

▶ Lies den Text und kreuze an.

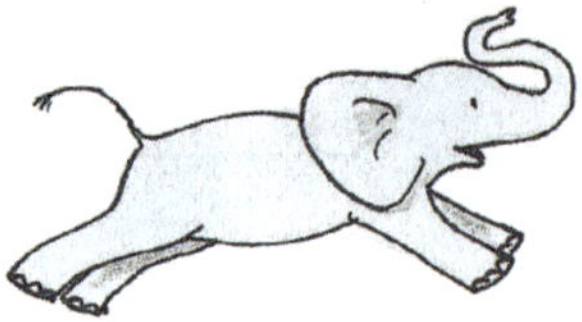

Elefanten

Es gibt Elefanten, die in Afrika und welche, die in Asien leben.
Der afrikanische Elefant ist der größte: Er kann bis zu 4 Meter hoch und 7,5 Tonnen schwer werden.
Außerdem hat er viel größere Ohren als der asiatische Elefant.
Elefanten ernähren sich hauptsächlich von Gras, Wurzeln, Zweigen und Früchten.
Täglich trinken sie bis zu 150 Liter Wasser. Das sind zwei ganze Badewannen!
Elefanten haben lange Stoßzähne. Die brauchen sie, um sich zu verteidigen, um zu graben oder um etwas hochzuheben.
Die Stoßzähne bestehen aus Elfenbein.
Elfenbein gilt als sehr wertvoll.
Deshalb werden Elefanten leider noch immer gejagt.
Der älteste Elefant ist 86 Jahre alt geworden.

☐

		ja	nein
Elefanten leben in Afrika und in Australien.	O	☐	☐
Der afrikanische Elefant ist der größte.	Z	☐	☐
Er kann bis zu 5 Meter hoch werden.	I	☐	☐
Der afrikanische Elefant hat kleinere Ohren als der asiatische.	E	☐	☐
Elefanten ernähren sich von Gras, Wurzeln und Quark.	P	☐	☐
Bis zu 150 Liter Wasser trinkt ein Elefant täglich.	A	☐	☐
Die Stoßzähne helfen dem Elefanten, sich zu verteidigen.	H	☐	☐
Die Stoßzähne bestehen aus wertvollem Gold.	M	☐	☐
Elefanten werden nicht mehr gejagt.	L	☐	☐
86 Jahre wurde der älteste Elefant.	N	☐	☐

Die Buchstaben der richtigen Sätze ergeben ein **Lösungswort:** ___ ___ ___ ___

Lotta und das Ungeheuer

Lottas Eltern gehen abends zu einer Geburtstagsfeier. Lotta bleibt allein daheim.
Als Lotta im Bett liegt, hört sie plötzlich ein Geräusch.
„Das sind bestimmt meine Eltern“, denkt Lotta. Sie geht leise in den Flur.
Aber es sind keine Eltern zu sehen. Sie geht zurück in ihr Bett.
Da hört sie wieder ein leises Tapsen. Lotta bekommt es mit der Angst zu tun.
Sie liegt in ihrem Bett und zieht sich die Decke über den Kopf.
Jetzt hört sie ein leises Tippeln direkt unter ihrem Bett.
Lotta flitzt aus ihrem Bett heraus und versteckt sich im Kleiderschrank.
Nun kommen Schritte immer näher an ihr Versteck heran.
Plötzlich öffnet jemand den Schrank.
Lotta schreit so laut sie kann.
Da sieht sie das Gesicht ihres Vaters, der den Schrank aufgemacht hat.
„Papa! Ich dachte, ein Ungeheuer wäre in unserem Haus.“
Der Vater macht sich auf die Suche nach dem Grund der Geräusche.
Nach kurzer Zeit findet er ein Mäuschen unter Lottas Bett.
Es hat mindestens genauso viel Angst gehabt wie Lotta.

☐ 52

▶ Richtig oder falsch? Kreuze an.

Lottas Eltern sind zum Geburtstag eingeladen.	☐ richtig	☐ falsch
Lotta bleibt mit ihrer Schwester allein daheim.	☐ richtig	☐ falsch
Lotta hört plötzlich ein Geräusch.	☐ richtig	☐ falsch
Sie ruft ihre Eltern an.	☐ richtig	☐ falsch
Lotta versteckt sich im Kleiderschrank.	☐ richtig	☐ falsch
Lotta singt so laut sie kann.	☐ richtig	☐ falsch
Der Schrank wird von ihrer Mutter geöffnet.	☐ richtig	☐ falsch
Unter dem Bett sitzt eine kleine Maus.	☐ richtig	☐ falsch
Die Maus hatte keine Angst.	☐ richtig	☐ falsch

Anoki besucht seinen Freund

Anoki will seinen Freund Paco besuchen.
Paco hat ihm eine Wegbeschreibung aufgeschrieben.

Du musst zuerst aus deinem Dorf herausgehen.
Lauf zum kleinen Wäldchen. Biege nach dem Wald rechts ab und gehe zum großen Felsen. Danach läufst du den Schlangenweg bis zur großen Eiche am Fluss. Dann gehst du über den Baumstamm über den Fluss. Nun musst du nur noch links abbiegen und dann siehst du schon unsere Zelte.
Ich wohne im dritten Tipi auf der linken Seite.

▶ Zeichne den Weg zum Zelt von Paco farbig nach.

1. Auflage 1 6 5 4 | 23 22 21

Alle Drucke dieser Auflage sind unverändert und können im Unterricht nebeneinander verwendet werden.
Die letzte Zahl bezeichnet das Jahr des Druckes.

Autoren: Andreas Körnich, Katja Röhlig

Redaktion: Salomé Dick, Berlin
Herstellung: Claudia Rosch

Layoutkonzeption: know idea GmbH, Freiburg
Illustrationen: Christine Bietz, Oelerse; Anke Fröhlich, Leipzig; Josef Hammen, Trierweiler; Hendrik Kranenberg, Drolshagen; Sven Leberer, Altenberge; Liliane Oser, Hamburg; Wolfgang Slawski, Kiel
Umschlagillustration: Anke Fröhlich, Leipzig
Druck: Plump Druck und Medien GmbH, Rheinbreitbach

Printed in Germany
ISBN 978-3-12-161034-1

9 783121 610341